Género Fantasía

Pregunta esencial

¿Qué se ve en el cielo?

El vuelo de Jairo

Daniel Haikin
ilustrado por Anette Heiberg

LECTURA COMPLEMENTARIA Hola, Osa Menor 13

Jairo se estiraba.
Quería mirar el paisaje.
Quería contar las estrellas.

—¿Cuántas estrellas hay? ¿Veinte? —pregunta Jairo.

—¡Hay muchas más! Pero desde aquí se ven pocas —contestó su mamá.

AHORA COMPRUEBA

¿Qué quería Jairo?

—¡Quiero ver más! —dijo Jairo.

—Podrás hacerlo cuando sepas volar —contestó su mamá.

—Yo quiero volar. Quiero ver todas las estrellas —dijo Jairo, enfurruñado.

—Todo pajarito quiere volar. Otro día lo harás —le contestó su mamá.

Detective del lenguaje	¿Qué pronombre personal ves en esta página?

Mamá se quedó dormida. Pero Jairo no. Abrió los ojos, se levantó y subió a la rama.

Pensó que era el momento exacto para empezar a volar.

Detective del lenguaje

La coma (,) sirve para separar ideas en una serie. ¿Qué ideas separa la coma en el texto subrayado?

—Allá voy —dijo, decidido. Quería darse ánimo.

Jairo caminó por una rama. ¡Casi se cae! Hizo una pausa. Luego caminó sin parar. Llegó hasta la punta. Tenía que animarse a volar.

Jairo no pudo sostenerse. Cayó desde muy alto.

—¡Me caigo! —pio, asustado.

Jairo empezó a mover las alas en el aire.

—No te estás cayendo. ¡Estás volando! —lo alentó su mamá.

AHORA COMPRUEBA

¿Qué hizo Jairo?

La mamá abrazó a Jairo. No se cansaba de felicitarlo.

—Soy muy bueno, ¿no? —quiso saber Jairo.

Jairo se quedó dormido. Estaba cansado a causa de sus aventuras. Soñó con volar muy alto... ¡Hasta tocar las estrellas con las alas!

AHORA COMPRUEBA

¿Qué soñó Jairo?

Respuesta a la lectura

Volver a contar

Vuelve a contar *El vuelo de Jairo* con tus propias palabras.

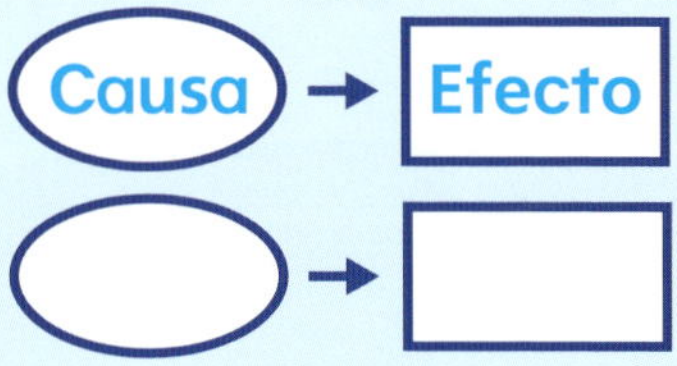

Evidencia en el texto

1. Mira la página 6. ¿Cuál fue la causa de que Jairo subiera a la rama? Causa y efecto
2. Mira las páginas 8 y 9. ¿Cuál fue la causa de que Jairo volara? Causa y efecto
3. ¿Cómo sabes que *El vuelo de Jairo* es un cuento de fantasía? Género

Hola, Osa Menor

Género **No ficción**

Compara los textos

Lee más sobre el cielo nocturno.

El telescopio te ofrece la oportunidad de ver las estrellas de cerca.

Piensa un momento. ¿Conoces el nombre de alguna estrella? El Sol es una estrella. Hay muchas estrellas más grandes que el Sol. Pero el Sol está más cerca y por eso parece más grande.

La Osa Menor parece una cuchara.

Algunos grupos de estrellas forman figuras en el cielo. Una de esas figuras se llama Osa Menor. La Osa Menor tiene siete estrellas, una de ellas es la estrella Polar. La estrella Polar siempre está fija en el cielo. Los navegantes la usan para guiarse durante la noche.

Haz conexiones

Mira ambas lecturas. ¿Qué miran Jairo y los navegantes? **El texto y otros textos**

Enfoque: Ciencias

Propósito Descubrir qué se puede observar en el cielo.

Paso a paso

Paso 1 Escribe una lista de lo que puedes ver en el cielo en la noche.

Paso 2 Haz un cartel para mostrar lo que ves.

Paso 3 Conversa con tus compañeros acerca de lo que muestra tu cartel.

Conclusión ¿Qué puedes ver en el cielo durante la noche?